tiempos difíciles

MAX LUCADO

GRUPO NELSON
Una división de Thomas Nelson Publishers
Desde 1798

NASHVILLE   MÉXICO DF.   RÍO DE JANEIRO

© 2006 por Grupo Nelson
Una división de Thomas Nelson, Inc.
Nashville, Tennessee, Estados Unidos de América www.
gruponelson.com

Título en inglés: *For These Tough Times*
© 2006 por Max Lucado

Publicado por W Publishing Group Una división de Thomas
Nelson, Inc.

Editora en Jefe: *Graciela Lelli*
Traducción: *Pedro Cruz*
Adaptación del diseño al español: *Grupo Nivel Uno, Inc.*

ISBN: 978-1-40022-628-3

20 21 22 23 LSC 9 8 7 6 5 4 3 2 1

Para Doug Kostowski,

quien ama.

CONTENIDO

CUANDO LOS FUNDAMENTOS SON DESTRUIDOS

Cuando los fundamentos son destruidos
¿qué le queda al justo?
El Señor está en su santo templo;
En los cielos tiene el Señor su trono.
—Salmos 11:3-4 (NVI)

¿No es también nuestra la pregunta de David? Cuando los fundamentos son destruidos, ¿qué le queda al justo? Cuando las enfermedades invaden, los matrimonios fracasan, los niños sufren y la muerte golpea, ¿qué tenemos que hacer?

Curiosamente, David no contesta esa pregunta con una respuesta. La contesta con una declaración: «El

Señor está en su santo templo; el Señor está sentado en su trono celestial».

Su punto es inequívoco: Dios no se altera por nuestras tormentas. No se detiene por nuestros problemas. No se atemoriza con estos problemas. Está en su santo templo. Está en su trono celestial.

Los edificios se han derrumbado, pero Dios no. El destrozo y las ruinas nunca lo han desanimado. Dios siempre ha cambiado la tragedia en triunfo.

¿No lo hizo con José? Mira a José en la prisión egipcia. Sus hermanos lo habían vendido; la esposa de Potifar lo había entregado. Si alguna vez un mundo se había derrumbado, ese era el de José.

O considera a Moisés, vigilando sus rebaños en el desierto. ¿Era eso lo que él quería hacer con su vida? Difícilmente. Su corazón latía con sangre judía. Su pasión era dirigir a los esclavos, entonces, ¿por qué Dios lo tenía dirigiendo ovejas?

Y Daniel. ¿Qué pasó con Daniel? Estaba entre los mejores y más brillantes jóvenes de Israel, el equivalente a un cadete de West Point o la Liga Ivy. Pero él y toda su generación fueron sacados de Jerusalén a la fuerza. La ciudad es destruida. El templo está en ruinas.

José en prisión. Moisés en el desierto. Daniel en cadenas. Esos eran tiempos oscuros. ¿Quién podría haber visto algún bien en ellos? ¿Quién podría haber sabido que José el prisionero estaba solo a una promoción de convertirse en José el primer ministro? ¿Quién podría haber pensado que Dios le estaba dando a Moisés cuarenta años de entrenamiento en el mismo desierto por el cual habría de guiar a su pueblo? ¿Quién podría haber imaginado que Daniel, el cautivo, pronto sería Daniel, el consejero del rey?

Dios hace cosas como esas. Lo hizo con José, con Moisés, con Daniel y, más que nada, lo hizo con Jesús.

En nuestros tiempos más difíciles podríamos ver lo que los seguidores de Cristo vieron en la cruz. La matanza de la inocencia. El asesinato de la bondad. La destrucción de la torre de fortaleza del cielo. Las madres lloraron, los demonios danzaron, y los apóstoles tuvieron que preguntarse: *Cuando los fundamentos son destruidos, ¿qué le queda al justo?*

Dios contestó su pregunta con una declaración. Con el estruendo de la tierra y el rodar de las rocas, les recordó: «El Señor está en su santo templo; el Señor está sentado en el trono celestial».

Y, actualmente, tenemos que recordar: todavía está. Todavía está en su santo templo, todavía está en su trono, todavía está en control. Y todavía hace príncipes de los prisioneros, consejeros de los cautivos y domingos de los viernes. Lo que hizo entonces todavía lo sigue haciendo.

Nos toca a nosotros pedir que lo haga.

En estas páginas nos haremos las preguntas que están en nuestras mentes: ¿Quién es nuestro Dios? ¿Dónde está Dios en todo esto? ¿Puede salir lo bueno de

lo malo? ¿Dios realmente escucha nuestras oraciones?
Mientras consideramos juntos estas preguntas, oro para
que la paz y el entendimiento de Dios toquen nuestros
corazones y traigan sanidad a nuestros espíritus.

—MAX LUCADO

I

¿Dónde está Dios?

Cuando la tragedia golpea, sea esta de carácter personal, nacional o global, la gente se pregunta cómo Dios permitió que algo así sucediera. ¿Qué puede estar pensando Dios? ¿Está él realmente en control? ¿Podemos confiar en que él puede manejar el universo cuando permite que eso suceda?

Es importante reconocer que Dios habita en un reino diferente. Él ocupa otra dimensión.

«Porque mis pensamientos no son vuestros pensamientos, ni vuestros caminos mis caminos, dijo Jehová. Como son más altos los cielos que la tierra, así son mis caminos más altos que vuestros caminos, y mis pensamientos más que vuestros pensamientos» (Isaías 55:8-9).

Presta especial atención a la palabra *como*. Los pensamientos de Dios no son nuestros pensamientos, ni siquiera son como los nuestros. Ni siquiera estamos en el mismo vecindario. Nosotros pensamos: *Protege el cuerpo*; él está pensando: *Salva el alma*. Nosotros soñamos con un aumento de sueldo; él sueña con levantar a un muerto. Nosotros evitamos el dolor y buscamos la paz. Dios usa el dolor para traer paz. Nosotros decidimos: «Voy a vivir antes de morir». Él nos ordena: «Muere para que puedas vivir». Nosotros amamos lo que se corrompe. Él ama lo que perdura. Nosotros nos gozamos en nuestros logros. Él se goza en nuestras confesiones. Nosotros les mostramos a nuestros hijos la publicidad de Nike, con un sonriente atleta millonario, y les decimos: «Sé como Mike». Dios nos señala al carpintero crucificado con labios ensangrentados y costado traspasado y dice: «Sé como Cristo».

Nuestros pensamientos no son como los pensamientos de Dios. Nuestros caminos no son como sus caminos. Él tiene una agenda diferente. Habita en una dimensión diferente. Vive en otro nivel.

Los cielos cuentan la gloria de Dios,
    y el firmamento anuncia la obra de sus manos.
Un día emite palabra a otro día,
    y una noche a otra noche declara sabiduría.

No hay lenguaje, ni palabras,
　　ni es oída su voz.
Por toda la tierra salió su voz,
　　y hasta el extremo del mundo sus palabras.
　　　　　　　　　　　　—SALMOS 19:1-4

La naturaleza es el taller de Dios. El cielo es su currículum. El universo es su tarjeta de presentación. ¿Quieres saber quién es Dios? Mira lo que él ha hecho. ¿Quieres conocer su poder? Echa una mirada a su creación. ¿Sientes curiosidad por su fortaleza? Hazle una visita a su hogar: Avenida de las Estrellas número un billón. ¿Quieres saber su tamaño? Camina en la noche y mira la luz que una estrella emitió hace un millón de años y entonces lee en 2 Crónicas 2:6: «Mas ¿quién será capaz de edificarle casa, siendo que los cielos y los cielos de los cielos no pueden contenerlo?».

Él no se mancha con la atmósfera del pecado,
　　No está atado por la línea de tiempo de la
　　　　historia,
　　　　No está entorpecido por el cansancio del
　　　　cuerpo.

Lo que te controla a ti no lo controla a él. Lo que a ti te preocupa no lo preocupa a él. Lo que a ti te fatiga no lo fatiga a él. ¿Se molesta el águila por el tráfico? No, sino que se eleva sobre él. ¿Se perturba la ballena por la tormenta? Por supuesto que no, sino que se zambulle por debajo. ¿Se distrae el león por el ratón parado directamente en su camino? No, sino que le pasa por encima.

¡Cuánto más puede Dios elevarse a las alturas, zambullirse por debajo y caminar sobre los problemas de la tierra!

«Lo que es imposible para el hombre, es posible para Dios» (ver Mateo 19:26). Nuestros interrogantes delatan nuestra falta de entendimiento:

¿Cómo puede Dios estar en todo lugar al mismo tiempo? (¿Quién dijo que Dios está atado a un cuerpo?).

¿Cómo puede Dios escuchar todas las oraciones que llegan a él? (Quizás sus oídos son diferentes a los nuestros).

¿Cómo puede Dios ser el Padre, el Hijo y el Espíritu Santo? (¿Podría ser que las reglas físicas del cielo son diferentes a las de la tierra?).

Si la gente aquí abajo no me perdona, ¿qué tanto más culpable soy ante un Dios santo? (Oh, justo lo opuesto. Dios siempre puede dar gracia cuando nosotros los humanos no podemos: él la inventó).

Cuán vital es que oremos, armados con el conocimiento de que Dios está en el cielo. Oremos con una convicción menor y nuestras oraciones serán tímidas, vacías y huecas. Levanta tu vista y mira lo que Dios ha hecho y verás cómo tus oraciones serán energizadas.

Este conocimiento nos dará confianza al enfrentar el futuro incierto. Sabemos que él está en control del universo, así que podemos descansar seguros.

Pero también es importante conocer que ese Dios que está en el cielo ha escogido inclinarse hacia la tierra y ver nuestra tristeza y escuchar nuestras oraciones. Él no está tan por encima de nosotros como para no ser tocado por nuestras lágrimas.

Aunque no podamos ver su propósito o su plan, el Señor del cielo está en su trono y en firme control del universo y de nuestras vidas. Así que le confiamos nuestras propias vidas.

2

El gran amor de Dios

Fue su cántico lo que lo hizo. Al principio no lo noté. No tenía razón para hacerlo. Las circunstancias eran muy comunes. Un padre recogiendo a su niña de seis años de una reunión de la Tropa Brownie. Sara ama a los Brownies; ama los premios que se gana y el uniforme que viste. Ella se montó en el carro y me enseñó su nuevo emblema y la galleta recién horneada. Me lancé a la carretera, encendí su música favorita y enfoqué mi atención en cosas más sofisticadas: itinerarios y obligaciones.

Apenas había dado algunos pasos en el laberinto de pensamientos, cuando retrocedí. Sara estaba cantando. Cantando acerca de Dios. Cantándole a Dios. La cabeza hacia atrás, barbilla en alto y pulmones llenos: ella llenó el carro de música. Las arpas del cielo se detuvieron para escuchar.

¿Es esa mi hija? Ella suena mayor. Ella luce mayor, más alta, hasta más bella. ¿Acaso me dormí? ¿Qué pasó con las mejillas regordetas? ¿Qué pasó con la cara pequeña y los dedos rechonchos?

Ella se está convirtiendo en una señorita. Pelo rubio que cae hasta sus hombros. Los pies colgando del asiento. En algún lugar durante la noche una página ha pasado y, bueno, ¡mírenla!

Si tienes hijos, sabes a qué me refiero. Apenas ayer, pañales. Hoy, ¿las llaves del carro? De pronto tu niña está a medio camino de la residencia de la universidad, y te estás quedando sin oportunidades para demostrarle tu amor, por decir algo.

Eso fue lo que hice. La canción se detuvo y Sara se detuvo, y yo saqué la cinta y puse mi mano sobre su hombro y dije: «Sara, eres muy especial». Ella me miró y sonrió tolerantemente. «Algún día un muchacho de piernas peludas robará tu corazón y te arrebatará hacia el nuevo siglo. Pero en este momento, me perteneces».

Ella inclinó su cabeza, miró hacia fuera por un minuto y preguntó: «Papá, ¿por qué actúas tan extraño?».

Yo supongo que palabras como esas suenan extrañas a una niña de seis años. El amor de los padres cae torpemente en los oídos de un niño. Mi torrente de emoción estaba fuera de su alcance. Pero eso no impidió que hablara.

No hay forma que nuestras mentes pequeñas puedan comprender el amor de Dios. Pero eso no impide que siga llegando.

Y nosotros también hemos girado nuestras cabezas. Como Sara, nos hemos preguntado qué estaba haciendo nuestro Padre. Desde la cuna de Belén hasta la cruz en Jerusalén, nosotros hemos considerado el amor de nuestro Padre. ¿Qué puedes decir a esta clase de emoción? Después de saber que Dios prefiere morir a vivir sin ti, ¿cómo reaccionas? ¿Cómo puedes comenzar a explicar una pasión como esa? Si eres como el apóstol Pablo, no lo haces. No haces declaraciones. No ofreces explicaciones. Haces algunas preguntas.

Esas preguntas no son nuevas para ti. Las has preguntado antes. Las has preguntado durante la noche; las has preguntado durante el enojo. El diagnóstico del doctor las trajo a la superficie, como lo hizo la decisión de la corte, la llamada telefónica del banco y las tragedias incomprensibles que ocurren en nuestro mundo. Las preguntas son sondeos de dolor, problema y circunstancia. No, las preguntas no son nuevas, pero quizás las respuestas lo sean.

Si Dios es por nosotros, ¿quién contra nosotros?

—ROMANOS 8:31

La pregunta no es simplemente «¿Quién puede estar contra nosotros?». Esa la puedes contestar. ¿Quién está contra ti? Las enfermedades, la inflación, la corrupción, el cansancio. Las calamidades nos confrontan; los temores nos esclavizan. Si la pregunta de Pablo fuera «¿Quién puede estar contra nosotros?», sería más fácil hacer una lista de nuestros enemigos que combatirlos. Pero esa no es la pregunta. La pregunta es: SI DIOS ES POR NOSOTROS, ¿quién contra nosotros?

Complázcame por un momento. Cuatro palabras en este verso merecen tu atención. Lee lentamente la frase «Dios es por nosotros». Por favor, detente un minuto antes de continuar. Léela otra vez, en voz alta. (Mis disculpas a la persona junto a ti). *Dios es por nosotros*. Repite la frase cuatro veces, esta vez enfatizando cada palabra. (Vamos, no tienes tanta prisa).

Dios es por nosotros.

Dios *es* por nosotros.

Dios es *por* nosotros.

Dios es por *nosotros*.

Dios es por ti. Tus padres pueden haberte olvidado, tus maestros pueden haberte descuidado, tus familiares pueden haberse avergonzado de ti, pero el Hacedor de los mares está al alcance de tus oraciones. ¡Dios!

Dios *es* por ti. No es «podrá estar», no es «ha estado», no es «estuvo», no es «estará», sino «¡Dios está!». Dios *es* contigo. Hoy. En esta hora. En este instante. Mientras lees esta oración. No tienes que esperar en la línea o regresar mañana. Él está contigo. Él no podría estar más cerca de lo que está en este mismo instante. Su lealtad no será mayor si eres mejor, ni será menos si eres peor. Dios *es* por ti.

Dios es *por* ti. Mira a las orillas; ese es Dios haciéndote porras mientras corres. Mira más allá de la línea de llegada; ese es Dios aplaudiendo tus pasos. Escúchalo en las gradas, gritando tu nombre. ¿Estás demasiado cansado como para continuar? Él te cargará. ¿Estás demasiado desalentado como para luchar? Él te levantará. Dios es *por* ti.

Dios es por *ti*. Si Dios tuviera un calendario, tu cumpleaños estaría señalado. Si manejara un carro, tu nombre estaría en el parachoques. Si hubiera un árbol en el cielo, tu nombre estaría grabado en la corteza. Sabemos que tiene un tatuaje, y sabemos lo que dice. Él ha declarado: «He aquí que en las palmas de las manos te tengo esculpida» (Isaías 4:16).

«¿Se olvidará la mujer de lo que dio a luz, para dejar de compadecerse del hijo de su vientre?», pregunta Dios en Isaías 49:15. Qué pregunta tan extraña. ¿Se imaginan ustedes a una madre que, después de alimentar a su bebé, pregunte: «¿Cuál es el nombre del niño?»?

No. La madre cuida a su pequeño, le acaricia el cabello, acarician su cara, canta su nombre una y otra vez. ¿Puede olvidar una madre? De ninguna manera. Pero «aunque olvide ella... yo nunca me olvidaré de ti», promete Dios (Isaías 49:15).

Dios está contigo. Sabiendo esto, ¿quién está contra ti? ¿Puede dañarte la muerte? ¿Puede la enfermedad robarte la vida? ¿Puede serte quitado el propósito o tu valor ser disminuido? No. Aunque el mismo infierno esté contra ti, nadie podrá derrotarte. Estás protegido. Dios está contigo.

> El que no escatimó ni a su propio Hijo, sino que lo entregó por todos nosotros, ¿cómo no nos dará también con él todas las cosas?
>
> —Romanos 8:32

Supón que un hombre llega hasta un niño que es golpeado por una turba. Él se lanza contra la multitud, rescata al muchacho y lo lleva al hospital. El joven es atendido y se recupera. El hombre paga por el tratamiento del niño. Se entera de que es huérfano, lo adopta como suyo y le da su nombre. Y entonces, una noche meses más tarde, el padre escucha a su hijo sollozando en su almohada. Va hacia él y le pregunta el porqué de las lágrimas.

«Estoy preocupado, papá. Me preocupa el mañana. ¿Dónde conseguiré comida para comer? ¿Cómo voy a comprar ropa para mantenerme caliente? ¿Dónde voy a dormir?».

El padre se preocupa con razón. «¿No te lo he demostrado? ¿No lo entiendes? Arriesgué mi vida para salvarte. Di mi dinero para curarte. Llevas mi nombre. Te he llamado mi hijo. ¿Haría todo eso y entonces no habría de proveer para tus necesidades?».

Esta es la pregunta de Pablo. *¿No proveerá para nuestras necesidades el que dio a su Hijo?*

Pero aun así *nos preocupamos.* Nos preocupamos por el IRS y el SAT y el FBI. Nos preocupamos por la educación, la recreación y el estreñimiento. Nos preocupamos de que no tengamos suficiente dinero y, cuando tenemos dinero, nos preocupamos de que no lo manejemos bien. Nos preocupamos de que el mundo se acabe antes de que expire el parquímetro. Nos preocupamos de lo que pensará el perro si nos ve salir de la bañera. Nos preocupamos de que algún día sepamos que el yogurt descremado engordaba.

Ahora, honestamente. ¿Te salvó Dios para que te preocupes? ¿Te enseñó a caminar solo para verte caer? ¿Sería clavado en una cruz por tus pecados para entonces no atender tus oraciones? Por favor. ¿La Escritura bromea cuando dice: «Pues a sus ángeles mandará acerca de ti, que te guarden en todos tus caminos» (Salmos 91:11)?

Tú y yo sabemos que no.

¿Quién nos separará del amor de Cristo?

—ROMANOS 8:35

Aquí está. Esta es la pregunta. Aquí está lo que queremos saber. Queremos saber cuánto durará el amor de Dios. ¿Nos ama Dios realmente para siempre? ¿No solo el domingo de resurrección cuando nuestros zapatos brillan y tenemos el cabello arreglado? Yo quiero saber (en lo más profundo, ¿no queremos todos saberlo?), ¿qué siente Dios por mí cuando soy un idiota? No cuando soy enérgico y positivo y dispuesto a acabar con el hambre en el mundo. No entonces. Ya sé lo que piensa de mí en esos momentos. Hasta yo mismo me caigo bien entonces.

Quiero saber qué piensa de mí cuando agredo todo lo que se mueve, cuando mis pensamientos son indignos, cuando mi lengua está lo suficientemente afilada como para partir una roca. ¿Qué piensa de mí en ese momento?

Y cuando suceden cosas malas, ¿le importa a Dios? ¿Me ama en medio del temor? ¿Está conmigo cuando acecha el peligro?

¿Dejará Dios de amarme?

Esa es la pregunta. Esa es la preocupación. Oh, tú no lo dices, quizás ni lo sepas. Pero lo puedo ver en tu rostro. Lo puedo escuchar en tus palabras. ¿Me pasé de la línea esta semana? ¿El martes pasado, cuando bebí vodka hasta que no podía caminar... el jueves pasado, cuando mis negocios me llevaron a donde no tengo ninguna razón para estar... el verano pasado, cuando maldije al Dios que me hizo mientras estaba junto a la tumba del hijo que me dio?

¿Me alejé demasiado? ¿Esperé demasiado? ¿Me deslicé demasiado? ¿Estaba inseguro? ¿Demasiado temeroso? ¿Muy enojado contra el dolor de este mundo?

Eso es lo que queremos saber.

¿Hay algo que nos pueda separar del amor que Cristo nos tiene?

Dios contestó esas preguntas antes que las hiciéramos. Para que veamos su respuesta, él alumbró el cielo con una estrella. Para que lo escucháramos, él llenó la noche con un coro. Y para que lo creyéramos, él hizo lo que nadie nunca soñó. Él se encarnó y habitó entre nosotros.

Él puso su mano en el hombro de la humanidad y dijo: «Eres algo especial».

Sin estar atado al tiempo, nos ve a todos. Desde los bosques de Virginia hasta el distrito comercial de Londres; desde los vikingos hasta los astronautas, desde los habitantes de las cavernas hasta los reyes, desde los constructores de chozas hasta los que apuntan con los dedos, hasta los que apilan piedras: él nos ve a todos. Todos los vagabundos y los harapientos, a todos nos vio desde antes de nacer.

Y le encanta lo que ve. Inundado de emoción, sobrecogido de orgullo, el Hacedor de las estrellas se dirige a nosotros, uno a uno, y dice: «Tú eres mi hijo. Te amo profundamente. Yo sé que un día te alejarás de mí y me dejarás. Pero quiero que sepas que ya te he provisto la forma para que regreses».

Y para probarlo, hizo algo extraordinario.

Bajando de su trono, se quitó su túnica de luz y se cubrió a sí mismo de piel: piel humana, pigmentada. La luz del universo entró a un vientre oscuro y húmedo. Aquel a quien los ángeles adoran se acomodó en la placenta de una campesina, nació en una noche fría y después se durmió en la paja de las vacas.

María no sabía si darle leche o darle alabanza, pero ella le dio ambas cosas por cuanto estaba, hasta donde ella podía entender, hambriento y era santo.

José no sabía si llamarle hijo o Padre. Finalmente le llamó Jesús, porque eso era lo que los ángeles habían dicho y porque no tenía la menor idea de cómo llamar a un Dios que él podía mecer en sus brazos.

Ni María ni José lo dijeron tan rudamente como mi Sara, ¿pero no creen que ellos inclinaron sus cabezas y sus mentes se preguntaban: *¿Qué es lo que estás haciendo, Dios?* O, parafraseado de mejor forma: *¿Dios, qué es lo que estás haciendo en el mundo?*

«¿Hay algo que me impida amarte?», pregunta Dios. «Obsérvame hablar tu idioma, dormir en tu tierra y sentir tus heridas. Observa al Hacedor de la vista y el sonido mientras estornuda, tose y se sopla la nariz. ¿Te preguntas si entiendo cómo te sientes? Mira en los ojos saltones del niño en Nazaret; ese es Dios camino a la escuela. Considera al gateador en la mesa de María; ese es Dios derramando su leche».

«¿Te preguntas cuánto durará mi amor? Encuentra la respuesta en una cruz astillada, en un monte escarpado. Ese soy yo allá arriba, tu Hacedor, tu Dios. Atravesado por los clavos y sangrando. Cubierto de escupitajos y empapado de pecado. Lo que estoy sintiendo son tus pecados. Es tu muerte la que estoy muriendo. Es tu resurrección lo que estoy viviendo. Así es cuanto te amo».

«¿Puede algo interponerse entre tú y yo?», pregunta el Hijo primogénito.

Escucha la respuesta y deposita tu futuro en las triunfantes palabras de Pablo: «Por lo cual estoy seguro de que ni la muerte, ni la vida, ni ángeles, ni principados, ni potestades, ni lo presente, ni lo por venir, ni lo alto, ni lo profundo, ni ninguna otra cosa creada nos podrá separar del amor de Dios, que es en Cristo Jesús Señor nuestro» (Romanos 8:38-39).

3

CON LOS OJOS EN EL PADRE

Nos hace doblemente bien pensar acerca de Dios que pensar acerca de otras cosas o personas. Dios quiere que empecemos y terminemos nuestras oraciones pensando en él. Mientras más nos enfocamos allá arriba, más inspiración tenemos acá abajo.

Magnifícalo. Cuando magnificas un objeto, lo agrandas para poder entenderlo. Cuando magnificamos a Dios hacemos lo mismo. Agrandamos nuestra consciencia de él para entenderlo mejor. Eso es exactamente lo que ocurre cuando adoramos, sacamos nuestras mentes de nosotros mismos y las depositamos en Dios. El énfasis es en él.

Me encanta cómo es traducida la frase final del Padre Nuestro en *El Mensaje* (Mateo 6:13):

> ¡Tú estás al mando!
> ¡Tú puedes hacer lo que quieras!
> ¡Estás encendido de belleza!
> Sí. Sí. Sí.

¿Podría ser más sencillo? ¡Dios está al mando! Este concepto no es extraño para nosotros. Cuando el mozo del restaurante te trae una hamburguesa fría y una soda caliente, tú quieres saber quién está al mando. Cuando el joven quiere impresionar a su novia, la lleva a la tienda de la gasolinera donde trabaja y alardea diciendo: «Cada noche desde las cinco hasta las diez, yo estoy al mando». Sabemos lo que significa estar al mando de un restaurante o una tienda, ¿pero estar al mando del universo? Ese es el reclamo de Jesús.

> Dios lo levantó de los muertos y lo estableció en un trono en lo profundo del cielo, *a cargo* de manejar el universo, todo desde las galaxias hasta los gobiernos, ningún nombre ni poder está exento de su gobierno. Y no solo por ahora, sino por siempre. Él está *a cargo* de todo, tiene la palabra final en todo. En el centro de todo esto, Cristo está al mando de la iglesia. (Efesios 1:20-22, *El Mensaje,* el énfasis es mío)

Hay muchos ejemplos de la autoridad de Jesús, pero solo mencionaré uno de mis favoritos. Jesús y sus discípulos están en un bote cruzando el mar de Galilea. De pronto se desata una tormenta, y lo plácido se hace violento, olas monstruosas se levantan y azotan contra el bote. Marcos lo describe claramente: «Pero se levantó una gran tormenta de viento, y echaba las olas en la barca, de tal manera que ya se anegaba» (Marcos 4:37).

Es muy importante que tengas un cuadro preciso, así que te voy a pedir que te imagines dentro de la barca. Es un navío robusto, pero no es competencia para olas de diez pies de altura. Se zambulle de nariz en la pared de agua. La fuerza de las olas la vira el bote peligrosamente hasta que parece apuntar directamente hacia el cielo y, justo cuando temes que se caerá hacia atrás, el navío se lanza adelante hacia el valle de otra ola. Una docena de manos se unen a las tuyas agarrando el mástil. Todos tus compañeros del barco tienen la cabeza empapada y los ojos muy abiertos. Afinas tu oído buscando una voz de calma, pero todo lo que oyes son gritos y oraciones.

De pronto te das cuenta, falta alguien. ¿Dónde está Jesús? No está en el mástil. No está agarrando el borde del bote. ¿Dónde está? Entonces escuchas algo, un ruido... un sonido fuera de lugar... como si alguien estuviera roncando. Te das vuelta y miras: allí acurrucado en la popa de la barca está Jesús, ¡durmiendo!

No sabes si asombrarte o molestarte, o ambas cosas. ¿Cómo puede estar durmiendo en un momento como este? O como lo dijo uno de los discípulos: «Maestro, ¿no tienes cuidado que perecemos?» (Marcos 4:38).

La misma tormenta que les produjo pánico a los discípulos a Jesús le dio sueño. Lo que puso temor en los ojos de estos hombres a Jesús lo puso a dormir. La barca era una tumba para sus seguidores y una cuna para Cristo. ¿Cómo podía estar durmiendo durante la tormenta? Sencillo: él estaba al mando de ella.

> Y levantándose, reprendió al viento, y dijo al mar: Calla, enmudece. Y cesó el viento, y se hizo grande bonanza. Y les dijo: ¿Por qué estáis así amedrentados? ¿Cómo no tenéis fe?.
>
> —MARCOS 4:39-40

Increíble. No cantó un ritual ni agitó una varita mágica. No llamó a los ángeles; no necesitaba su ayuda. El agua furiosa se convirtió en un mar tranquilo, instantáneamente. Calma inmediata. Ni un marullo. Ni una gota. Ni una ráfaga. En un momento el mar pasó de torrente arrollador a poza pacífica. ¿La reacción de los discípulos? Lee el versículo 41: «Entonces temieron con gran temor, y se decían uno al otro: ¿Quién es éste, que aun el viento y el mar le obedecen?».

Ellos nunca habían conocido a un hombre como este. Las olas estaban sujetas a él; los vientos eran sus sirvientes. Y eso era apenas el comienzo de lo que sus compañeros de mar habrían de presenciar. Antes que todo acabara, verían pescados saltando dentro del bote, demonios zambulléndose en los cerdos, paralíticos convirtiéndose en bailarines, y los cadáveres cambiándose en personas vivientes y respirando. «Con autoridad manda aun a los espíritus inmundos, y le obedecen», proclamaba la gente (Marcos 1:27).

¿Es de sorprender que los discípulos estuvieran dispuestos a morir por Jesús? Nunca habían visto un poder como este, nunca habían visto una gloria igual. Era como si, bueno, como si todo el universo fuera su reino. Usted no hubiera tenido que explicarles este versículo; ellos sabían lo que significaba: «Porque tuyo es el reino, y el poder, y la gloria, por todos los siglos» (Mateo 6:13).

De hecho, fueron dos de esos pescadores rescatados los que declararían su autoridad más claramente. Escuche a Juan: «Porque mayor es el que está en vosotros, que el que está en el mundo» (1 Juan 4:4). Escuche a Pedro: «Quien habiendo subido al cielo está a la diestra de Dios; y a él están sujetos ángeles, autoridades y potestades» (1 Pedro 3:22).

Es correcto que ellos declaren su autoridad. Es correcto que nosotros hagamos lo mismo. Y, cuando lo hacemos, declaramos sin cuestionamientos: el Señor del universo gobierna nuestros corazones.

4

El triunfo de lo bueno

¿Cómo puede Dios permitir una maldad como esa: traer tanta destrucción y pérdida? ¿Por qué no nos protegió el 11 de septiembre del 2001? Mientras las ruinas todavía humean y nuestro corazón sigue adolorido, nuestras preguntas continúan. Y aun así, ya hemos visto algo bueno emergiendo de las ruinas: hechos heroicos, compasión desinteresada, un sentido comunitario de «uno para todos». De alguna manera, en medio de algo tan malo, lo bueno lucha por prevalecer.

¿Es realmente posible que algo malo pueda terminar siendo usado para bien? Para contestar esta pregunta tenemos que mirar atrás, al comienzo mismo del Mal.

Dos veces en las Escrituras se levanta el telón del tiempo y se nos permite vislumbrar la apuesta más tonta de la historia. Satanás era un ángel que no estaba contento de estar cerca de Dios; quería estar por encima de Dios. Lucifer no estaba satisfecho con adorar a Dios; quería ocupar el trono de Dios. Según Ezequiel, la belleza y la maldad de Satanás no tenían comparación entre los ángeles:

> *Tú eras el sello de la perfección, lleno de sabiduría, y acabado de hermosura. En Edén, en el huerto de Dios estuviste; de toda piedra preciosa era tu vestidura; de cornerina, topacio, jaspe, crisólito, berilo y ónice; de zafiro, carbunclo, esmeralda y oro; los primores de tus tamboriles y flautas estuvieron preparados para ti en el día de tu creación. Tú, querubín grande, protector, yo te puse en el santo monte de Dios, allí estuviste; en medio de las piedras de fuego te paseabas. Perfecto eras en todos tus caminos desde el día que fuiste creado, hasta que se halló en ti maldad.*
>
> —EZEQUIEL 28:12-15

Los ángeles, como los humanos, estaban hechos para servir y alabar a Dios. Los ángeles, como los humanos, fueron dotados con libre albedrío. De otra forma ¿cómo podrían adorar? Tanto Isaías como

Ezequiel describen un ángel más poderoso que cualquier ser humano, más hermoso que cualquier criatura,
pero más insensato que cualquier ser que jamás hubiera
vivido. Su orgullo fue su caída.

La mayor parte de los eruditos apuntan a Isaías
14:13-14 como la descripción de la caída de Lucifer:

> *Yo subiré al cielo.*
> *Yo pondré mi trono*
> *sobre las estrellas de Dios.*
> *Yo me sentaré en la montaña de los dioses,*
> *a los lados de la montaña santa.*
> *Yo subiré sobre las alturas de las nubes.*
> *Yo seré como el Dios Altísimo.*

No puedes dejar de notar la cadencia de arrogancia
en las palabras: «Yo... Yo... Yo... Yo...». Porque quiso
ser como Dios, Satanás cayó de la presencia de Dios y se
ha pasado la historia tratando de convencernos de que
hagamos lo mismo. ¿No fue esa la estrategia que usó con
Eva? Él le prometió: «Serás como Dios» (Génesis 3:5).

Él no ha cambiado. Es tan egocéntrico ahora como
lo fue entonces. Es tan insensato ahora como lo fue
entonces. Es tan limitado ahora como lo fue entonces.
Aun cuando el corazón de Lucifer era bueno, él era
inferior a Dios. Todos los ángeles son inferiores a Dios.
Dios lo sabe todo; ellos solo saben lo que Dios les revela.

Dios está en todas partes; ellos solo pueden estar en un solo lugar. Dios es todopoderoso; los ángeles solo son tan poderosos como Dios les permite serlo. Todos los ángeles, incluyendo a Satanás, son inferiores a Dios. Y esto quizás te sorprenda: Satanás todavía es un sirviente de Dios.

Él no quiere serlo. No tiene la intención de serlo. Nada desearía más que construir su propio reino, pero no puede. Cada vez que trata de avanzar su reino, termina avanzando el reino de Dios.

Erwin Lutzer expresa este pensamiento en su libro *La serpiente del paraíso*:

> El diablo es tan siervo de Dios en su rebelión como lo era en sus días de dulce obediencia... No podemos citar a Lutero con demasiada frecuencia: El diablo es el diablo de Dios.
>
> Satanás tiene diferentes papeles que jugar, depen-diendo del consejo y de los propósitos de Dios. Está presionado a servir la voluntad de Dios en el mundo; tiene que hacer lo que le manda el Altísimo. Debemos tener en mente que tiene poderes atemorizantes, pero saber que los ejercitará bajo la dirección y el placer de Dios nos da esperanza. Satanás simplemente no es libre para desatar destrucción sobre la gente a voluntad.[1]

¿Satanás haciendo la voluntad del Altísimo? ¿Buscando el permiso de Dios? ¿No te parece extraño este lenguaje? Puede ser. Si es así, te puedo asegurar que Satanás preferiría que no oyeras lo que voy a decir. Él prefiere mejor inducirte a pensar en él como una fuerza independiente de poder ilimitado. Satanás no tiene absolutamente ningún poder, con la excepción del que Dios le permite.

Él preferiría que nunca escucharas las palabras de Juan: «El Espíritu de Dios, que está en ustedes, es mayor que el diablo, que está en el mundo» (1 Juan 4:4, paráfrasis). Y ciertamente preferiría que nunca sepas cómo Dios puede usar al diablo como un instrumento para el avance de la causa de Cristo.

¿Cómo usa Dios a Satanás para la obra del cielo? Dios usa a Satanás para:

1. *Refinar a los fieles*. Todos nosotros tenemos la enfermedad del diablo. Aun el más humilde entre nosotros tiene la tendencia a pensar muy alto sobre sí mismo. Aparentemente Pablo lo hizo. Su currículum personal era impresionante: una audiencia personal con Jesús, participante de visiones celestiales, un apostolado escogido por Dios, uno de los autores de la Biblia. Sanó a los enfermos, viajó por el mundo y escribió algunos de los documentos más importantes de la historia. Pocos pueden rivalizar sus logros. Y quizás él lo sabía. Quizás

llegó el momento en que Pablo comenzó a darse palmadas en la espalda a sí mismo. Dios, que amaba a Pablo y aborrece el orgullo, protegió a Pablo de ese pecado. Y para lograrlo, usó a Satanás.

> Y para que la grandeza de las revelaciones no me exaltase desmedidamente, me fue dado un aguijón en mi carne, un mensajero de Satanás que me abofetee.
>
> —2 CORINTIOS 12:7

No se nos dice la naturaleza del aguijón, pero se nos dice el propósito: para mantener humilde a Pablo. También se nos dice el origen: un mensajero de Satanás. El mensajero pudo ser una dolencia, un problema, o una persona que era un dolor. No lo sabemos. Pero sabemos que el mensajero estaba bajo el control de Dios. Por favor, vea lo que Pablo dice después:

> Tres veces he rogado a Dios que lo quite de mí. Pero él me ha dicho: «Bástate mi gracia; porque mi poder se perfecciona en la debilidad». (vv. 8-9)

Satanás y sus fuerzas eran simplemente un instrumento en las manos de Dios para fortalecer a un siervo.

Otro ejemplo del diablo como sirviente de Dios es la tentación de Job. El diablo se atrevió a cuestionar la estabilidad de la fe de Job y Dios le dio permiso para probar a Job. «Dijo Jehová a Satanás: He aquí, todo lo que tiene está en tu mano; solamente no pongas tu mano sobre él» (Job 1:12). Observa que Dios determina el permiso y los parámetros de la prueba. Job pasa la prueba y Satanás se queja de que Job hubiera caído si se le hubiera forzado a enfrentar el dolor. Otra vez, Dios le da permiso y fija los parámetros. «[Job] está en tu mano», le dice a Satanás, «mas guarda su vida» (2:6).

A pesar de que el dolor y las preguntas abundaron, al final, la fe y la salud de Job fueron más grandes que nunca. Otra vez, quizás no podamos entender la razón de la prueba, pero conocemos la fuente. Lee este versículo del último capítulo. Los familiares de Job «lo consolaron por todas las calamidades que *el Señor* le había enviado» (42:11, el énfasis es mío).

Satanás no tiene poder excepto el que Dios le otorga.

Incluso cuando Satanás parece ganar, él pierde. Martín Lutero dio en el blanco al describir el diablo como la herramienta de Dios, una azada usada para cuidar su jardín. La azada nunca corta lo que el Jardinero intenta guardar y nunca guarda lo que el Jardinero tiene la intención de podar. Seguramente, una parte del castigo de Satanás es la frustración que siente al servir de mala gana como una herramienta para crear un jardín para Dios. Satanás es usado por Dios para refinar a los fieles.

Dios también usa al diablo para:

2. *Despertar a los que duermen.* Cientos de años antes de Pablo, otro líder judío luchó con su ego, pero él perdió. Saúl, el primer rey de Israel, fue consumido por los celos. Fue eclipsado por David, el hijo menor de una familia de pastores. David lo hizo todo mejor que Saúl: cantó mejor, impresionó más a las mujeres, incluso mató a los gigantes que Saul temía. Pero en lugar de celebrar las habilidades de David dadas por Dios, Saúl se volvió increíblemente hostil. Dios, en un aparente esfuerzo por despertar a Saúl de esta niebla de celos, pidió la ayuda de su siervo involuntario, Satanás. «Aconteció al otro día, que un espíritu malo de parte de Dios tomó a Saúl, y él desvariaba en medio de la casa» (1 Samuel 18:10).

Observa el solemne principio: hay momentos en que el corazón se endurece tanto y el oído se hace tan sordo que Dios nos deja sufrir las consecuencias de nuestras decisiones. En este caso, el demonio fue soltado para atormentar a Saúl. Si Saúl no toma de la copa de la bondad de Dios, deja que pase un tiempo tomando de la copa de la furia del infierno. «Deja que caiga en la desesperación para que pueda regresar a los brazos de Dios».[2]

El Nuevo Testamento se refiere a varios incidentes donde se administró una disciplina similar. Pablo regañó a la iglesia de Corinto por tolerar la inmoralidad. Él dijo acerca de una iglesia adúltera: «El tal sea entregado a Satanás para destrucción de la carne, a fin

de que el espíritu sea salvo en el día del Señor Jesús»
(1 Corintios 5:5).

Pablo da instrucciones comparables a Timoteo. El
joven evangelista estaba lidiando con dos discípulos
cuya fe estaba en ruina y tenían influencia negativa en
otros. ¿Su instrucción a Timoteo? «De los cuales son
Himeneo y Alejandro, a quienes entregué a Satanás para
que aprendan a no blasfemar» (1 Timoteo 1:20).

Tan drástico como pueda parecer, Dios realmente
permitirá que algunas personas experimenten el infierno en vida, con la esperanza de despertar su fe. El amor
santo toma una decisión difícil al entregar a un hijo a las
consecuencias de su rebelión.

Por cierto, ¿no te parece que esto ayuda a explicar
la maldad rampante que vive el mundo? Si Dios nos
permite sufrir las consecuencias de nuestro pecado y el
mundo está lleno de pecadores, entonces, el mundo va a
abundar en maldad. ¿No es eso lo que quiere decir Pablo
en el primer capítulo de Romanos? Después de describir
a aquellos que adoran la creación en vez de al Creador,
Pablo dice: «Dios los entregó a pasiones vergonzosas»
(Romanos 1:26). ¿Disfruta Dios viendo los dolores y las
adicciones de sus hijos? No más de lo que un padre disfruta disciplinando a su hijo. Pero el amor santo toma
decisiones difíciles.

Recuerda, la disciplina debe producir misericordia,
no miseria. Algunos santos son despertados con un
toque en el hombro, mientras que otros necesitan un

ladrillazo en la cabeza. Y cada vez que Dios necesita usar un ladrillazo, llama a Satanás.

También es llamado para:

3. *Enseñar a la iglesia.* Quizás la ilustración más clara de cómo Dios usa a Satanás para lograr sus propósitos se encuentra en la vida de Pedro. Escucha la advertencia que Dios le da: «Simón, Simón, he aquí Satanás os ha pedido para zarandearos como a trigo; pero yo he rogado por ti, que tu fe no falte; y tú, una vez vuelto, confirma a tus hermanos» (Lucas 22:31-32).

Otra vez, nota quién está en control. Aun cuando Satanás tiene un plan, tiene que pedir permiso. Jesús explica: «Toda potestad me es dada en el cielo y en la tierra», y esa es la prueba (Mateo 28:18).

El lobo no puede agarrar a la oveja sin el permiso del pastor, y el Pastor solo permite el ataque si, a largo plazo, el dolor vale la pena ante la ganancia.

El propósito de esta prueba es proveer testimonio a la iglesia. Jesús estaba permitiendo que Pedro experimentara la prueba para que luego pudiera ayudar a sus hermanos. Quizás Dios está haciendo lo mismo contigo. Dios sabe que la iglesia necesita testimonios vivientes de su poder. Tu dificultad, tu enfermedad y tus conflictos te están preparando para ser una voz de estímulo a tus hermanos. Todo lo que necesitas recordar es:

No os ha sobrevenido ninguna tentación que no sea humana; pero fiel es Dios, que no os dejará ser tentados más de lo que podéis resistir, sino que dará también juntamente con la tentación la salida, para que podáis soportar.

—1 CORINTIOS 10:13

Vosotros pensasteis mal contra mí, mas Dios lo encaminó a bien.

—GÉNESIS 50:20

5

EL SABOR AMARGO
DE LA VENGANZA

¿Justicia o venganza? Es la justicia la que demanda que
aquellos que han hecho lo malo contra nuestra sociedad
sean castigados por nuestra sociedad. Pero la justicia es
muy diferente a la venganza. La venganza es un asunto del corazón. La venganza dice: «Solo espera; ya te
agarraré».

Cuando somos heridos u ofendidos, no nos toma
mucho tiempo encontrarnos pidiendo pago a los que
nos deben.

¿No hay algo que alguien te debe? ¿Una disculpa?
¿Una segunda oportunidad? ¿Una explicación? ¿Unas

gracias? ¿Una niñez? ¿Un matrimonio? Detente y piénsalo (no recomiendo que lo hagas por mucho tiempo), y podrás hacer una lista de la gente que te debe. Tus padres pudieron ser más protectores. Tus hijos pudieron apreciarte mejor. Tu cónyuge pudo ser más sensible. Tu pastor pudo ser más atento.

¿Qué vas a hacer con esa gente que te debe? La gente en tu pasado ha metido la mano en tu cartera y ha tomado lo que te pertenecía. ¿Qué vas a hacer? Pocas preguntas son más importantes que esta. Tratar con las deudas está en el mismo corazón de tu felicidad.

Jesús dijo: «Porque si perdonáis a los hombres sus ofensas, os perdonará también a vosotros vuestro Padre celestial; mas si no perdonáis a los hombres sus ofensas, tampoco vuestro Padre os perdonará vuestras ofensas» (Mateo 6:14-15).

Jesús no cuestiona la realidad de las heridas. Él no tiene dudas de que se ha pecado contra ti. El asunto no es la existencia del dolor; el asunto es el tratamiento del dolor. ¿Qué vas a hacer con tus deudas?

Dale Carnegie contaba de la visita que hizo al parque Yellowstone, donde vio un oso gris. El enorme animal estaba en el centro del claro, alimentándose con algunas sobras del campamento. Por algunos minutos hizo su fiesta solo; ninguna otra criatura se atrevió acercarse. Después de un rato un zorrillo caminó por el prado y tomó un lugar junto al oso gris. El oso no tuvo objeciones, y Carnegie sabía por qué. Dijo: «El oso gris conocía el alto costo del desquite».[1]

Seremos sabios si aprendemos lo mismo. Arreglar una cuenta conlleva un gran precio.

Por un lado, se paga un precio en las relaciones.

¿Alguna vez te diste cuenta de que en las películas de vaqueros el cazador de recompensas siempre viaja solo? No es tan difícil saber por qué. ¿Quién quiere estar con un individuo que se gana la vida saldando cuentas? ¿Quién se arriesga a estar en su lista negra? Más de una vez he escuchado a una persona escupir su enojo. Él pensaba que yo estaba escuchando, cuando en realidad estaba pensando: *Espero nunca estar en su lista.* Qué cascarrabias que son estos cazadores de recompensas. Mejor es dejarlos solos. Pasa tiempo con el enojado y terminarás recibiendo una bala perdida. El ajustamiento de cuentas es una ocupación solitaria. También es una ocupación poco saludable.

Pagas un alto precio físicamente.

La Biblia lo dice mejor: «El resentimiento mata a los necios» (Job 5:2, NVI). Me recuerda una vieja rutina de Amos y Andy. Amos le pregunta a Andy qué es esa botellita que lleva en el cuello. «Nitroglicerina», le contesta. Amos está sorprendido de que Andy esté llevando un collar de nitroglicerina, así que pide una explicación. Andy le habla de un compañero que tiene la mala costumbre de darle golpecitos a la gente en el pecho mientras está hablando. «Me vuelve loco», dice Andy. «Estoy llevando esta nitroglicerina para que, la próxima vez que me toque, pierda su dedo».

Andy no es el primero en olvidar que, cuando intentas vengarte, te haces daño. Job tenía razón cuando dijo: «Oh tú, que te despedazas en tu furor» (Job 18:4). ¿Alguna vez notaste que describimos a las personas que nos molestan como un «dolor de cabeza»? ¿A la cabeza de quién nos referimos? Ciertamente no a la de los demás. Somos nosotros los que sufrimos.

Si quieres ajustar cuentas, nunca descansarás. ¿Cómo podrías hacerlo? Por un lado, es posible que tu enemigo nunca salde la cuenta. Por mucho que crees que mereces una disculpa, tu deudor podría no estar de acuerdo. El racista puede que nunca se arrepienta. El chovinista puede que nunca cambie. Tan justificado como estás en tu búsqueda de venganza, es posible que nunca consigas un centavo de valor en términos de justicia. Y si lo consigues, ¿será suficiente?

Pensemos realmente en esto. ¿Cuánta justicia es suficiente? Imagina a tu enemigo por un momento.

Imagínalo atado al poste de los azotes. El hombre fuerte armado con el látigo se dirige ti y te pregunta: ¿Cuántos latigazos? Y tú le das un número. El látigo resuena y la sangre fluye y se inflige el castigo. Tu enemigo se desploma, y te alejas.

¿Te sientes feliz ahora? ¿Te sientes mejor? Quizás por un rato, pero pronto otro recuerdo saldrá a la superficie, y se necesitará otro latigazo, y... ¿cuándo terminará?

Terminará cuando tomes seriamente las palabras de Jesús: «Porque si perdonáis a los hombres sus ofensas, os perdonará también a vosotros vuestro Padre celestial; mas si no perdonáis a los hombres sus ofensas, tampoco vuestro Padre os perdonará vuestras ofensas» (Mateo 6:14-15).

«Trátame como yo trato a mi vecino». ¿Estás consciente que esto es lo que le estás diciendo al Padre? «Dame lo que yo le doy a los demás. Concédeme la paz que yo les concedo a otros. Permíteme disfrutar de la misma tolerancia que yo ofrezco». Dios te tratará de la misma forma que tratas a otros.

¿Quieres un poco de paz? Entonces deja de darle tanta molestia al vecino. ¿Quieres disfrutar de la generosidad de Dios? Entonces deja que otros disfruten de la tuya. ¿Quieres tener seguridad de que Dios te ha perdonado? Creo que sabes lo que tienes que hacer.

6

EN EL SILENCIO, DIOS HABLA

Algunas veces, cuando estamos dolidos, encontramos sanidad hablando sobre el tema —con un amigo, con un consejero, con Dios. Pero eventualmente llega el tiempo cuando debemos dejar de hablar y escuchar.

Hay momentos cuando hablar es violar el momento... cuando el silencio representa el más alto respeto. La palabra para ese tiempo es *reverencia*.

Esa fue una lección que aprendió Job, el hombre más tocado por la tragedia y la desesperación en la Biblia. Si Job tuvo una falta, esa fue su lengua. Hablaba demasiado.

No es que nadie pueda echarle la culpa. La calamidad le había caído encima como una leona a un rebaño de gacelas y, cuando había pasado el desastre, no había pared en pie ni familiar vivo. Los enemigos de Job habían destrozado su ganado, y los rayos habían destruido sus ovejas. Fuertes vientos habían sepultado en el destrozo a sus hijos que estaban de fiesta.

Job sabía lo que era perder a quienes amaba cuando vio derrumbarse el edificio.

Job no había tenido tiempo de enterrar a sus hijos cuando aparecieron la sarna en sus manos y las ronchas en su piel. Su esposa, un alma tan compasiva, le dijo: «Maldice a Dios y muérete». Sus cuatro amigos llegaron con la delicadeza de sargentos de entrenamiento, diciéndole que Dios era justo, y que el dolor es el resultado de la maldad, y tan seguro como dos y dos son cuatro, Job tenía que tener algún récord criminal en su pasado para sufrir de esa manera.

Cada uno tenía su propia interpretación de Dios, y cada uno habló acerca de quién era Dios y por qué había hecho lo que hizo. Ellos no eran los únicos que hablaban acerca de Dios. Cuando sus acusadores hicieron una pausa, Job dio su respuesta. Y así siguieron unos y otros...

Job abrió su boca... (3:1)
Entonces respondió Elifaz temanita, y dijo... (4:1)
Respondió entonces Job y dijo ... (6:1)

Respondió Bildad suhita, y dijo... (8:1)

Respondió Job, y dijo... (9:1)

> Respondió Zofar naamatita, y dijo... (11:1)

Este *ping-pong* verbal continuó durante veintitrés capítulos. Finalmente, Job tuvo suficiente de esas «respuestas». Ya no habría más chismes de discusiones de grupo. Era tiempo para el discurso principal. Agarró el micrófono con una mano y el púlpito con la otra y despegó. Dio sus opiniones acerca de Dios durante seis capítulos. Esta vez el encabezamiento de los capítulos dice así: «Y continuó Job», «Y continuó Job», «Y continuó Job». Él define a Dios, explica a Dios y analiza a Dios. ¡A uno le parece que Job sabe más acerca de Dios que Dios mismo!

Ya estamos en el capítulo treinta y ocho antes que Dios se aclare la garganta para hablar. El capítulo treinta y ocho comienza con estas palabras: «Entonces DIOS le contestó a Job».

Si tu Biblia es como la mía, hay un error en este versículo. Las palabras están bien, pero el tipógrafo usó el tamaño de tipo equivocado. Las letras deberían verse así:

¡ENTONCES DIOS LE CONTESTÓ A JOB!

Dios habla. Los rostros miran hacia el cielo. El viento dobla los árboles. Los vecinos se lanzan a sus refugios para tormentas. Los gatos se suben a los árboles, y los perros les ladran a los matorrales. «Algo está soplando, querida. Mejor que recojas las sábanas del tendedero».

No hace Dios más que abrir su boca cuando Job se da cuenta que mejor hubiera sido dejar su adolorida boca cerrada.

> *Yo te preguntaré,*
>> *y tú me contestarás.*
> *¿Dónde estabas tú cuando yo fundaba la tierra?*
>> *Házmelo saber, si tienes inteligencia.*
> *¿Quién ordenó sus medidas, si lo sabes?*
> *¿O quién extendió sobre ella cordel?*
> *¿Sobre qué están fundadas sus bases?*
> *¿O quién puso su piedra angular,*
>> *cuando alababan todas las estrellas del alba,*
>>> *y se regocijaban todos los hijos de Dios?*
>> (38:3-7)

Dios inundó el cielo de interrogantes, y Job no pudo evitar entender el punto. Solo Dios define a Dios. Tienes que conocer el alfabeto antes de poder leer, y Dios le dice a Job: «Todavía no sabes el ABC del cielo, mucho menos sabes el vocabulario». Por primera vez, Job permanece callado. Silenciado por un torrente de preguntas.

> *¿Has entrado tú hasta las fuentes del mar,*
>> *y has andado escudriñando el abismo?...*
> *¿Has entrado tú en los tesoros de la nieve,*
>> *o has visto los tesoros del granizo?...*

¿Diste tú al caballo la fuerza?
¿Vestiste tú su cuello de crines ondulantes?
¿Le intimidarás tú como a la langosta?...
> *¿Vuela el gavilán por tu sabiduría,*
> *y extiende hacia el sur sus alas?*
> (38:16, 22; 39:19-20, 26)

Apenas había tenido Job tiempo para sacudir su cabeza con una pregunta cuando ya se le había hecho otra. La implicación del Padre es clara: «Tan pronto seas capaz de manejar estas cosas simples de almacenar las estrellas y estirarle el cuello al avestruz, entonces hablaremos sobre dolor y sufrimiento. Pero hasta entonces, podemos seguir sin tus comentarios».

¿Recibió Job el mensaje? Pienso que sí. Escucha su respuesta.

> *He aquí que yo soy vil; ¿qué te responderé?*
> *Mi mano pongo sobre mi boca.* (40:4)

Nota el cambio. Antes de escuchar a Dios, Job no podía dejar de hablar. Después que escuchó a Dios, simplemente no pudo hablar.

El silencio era la única respuesta apropiada. Hubo un tiempo en la vida de Thomas à Kempis cuando él también tapó su boca. Había escrito profusamente sobre el carácter de Dios. Pero un día Dios lo confrontó con una gracia santa tal que, desde ese momento, todas las palabras de Kempis «parecían hojarasca». Soltó su pluma y nunca escribió otra palabra. Había puesto su mano sobre su boca.

La palabra para esos momentos es *reverencia*.

Jesús nos enseñó a orar con reverencia cuando nos dio el modelo de «Santificado sea tu nombre». Esa frase es una petición, no una proclamación. Es un reclamo, no un anuncio. «Sé santo, Señor». Haz lo que sea necesario para ser santo en mi vida. Toma el lugar que te permanece en mi vida. Exáltate. Magnifícate. Glorifícate. Sé Señor, y yo permaneceré callado.

La palabra *santificado* viene de la palabra *santo*, y la palabra *santo* significa «separado». El ancestro del término puede ser trazado hasta la antigua palabra que significa «cortar». Ser santo, entonces, es ser cortado sobre la norma, superior, extraordinario. El Santo habita en un nivel diferente al del resto de nosotros. Lo que nos asusta a nosotros no lo asusta a él. Lo que nos preocupa no le preocupa a él.

Yo soy más un marinero de agua dulce que de mar, pero he estado lo suficiente en un bote pesquero como para saber el secreto de cómo encontrar tierra en una tormenta... No se apunta hacia otro bote. Ciertamente no miras las olas. Se fija la vista en un objeto que no es afectado por el viento (como una luz en la orilla) y vas directo hacia ese punto. La luz no es afectada por la tormenta.

Al buscar a Dios hacemos lo mismo. Cuando fijas tu vista en nuestro Dios, te enfocas en aquel que puede superar cualquier tormenta que la vida pueda traer.

Como Job, encuentras paz en el dolor.

Como Job, te tapas la boca y permaneces quieto.

«Estad quietos, y conoced que yo soy Dios» (Salmos 46:10). Este versículo tiene un mandamiento con promesa.

¿El mandato? *Permanece quieto. Tápate la boca. Dobla tus rodillas.*

¿La promesa? *Conocerás que yo soy Dios.*

El navío de la fe navega sobre aguas delicadas. El creer monta las alas de la espera.

En medio de nuestras tormentas diarias, y en esta tormenta que ha barrido a nuestro país y al mundo entero, asegúrate de permanecer quieto y poner tu vista en él. Deja que Dios sea Dios. Deja que Dios te bañe en su gloria de modo que tu aliento y tus problemas sean succionados de tu alma. Estate quieto. Permanece en silencio. Permanece abierto y dispuesto. Toma un momento para estar quieto, y conoce que él es Dios.

7

EN LA TORMENTA,
ORAMOS

Cuando el desastre golpea, el espíritu humano responde procurando ayudar a los que han sido afectados. La gente hace fila para donar sangre. Millones de dólares son donados para ayudar a las víctimas y sus familias. Equipos de rescate trabajan durante incontables horas. Pero el esfuerzo más esencial es logrado por otro equipo de valientes. ¿Su tarea? Guardar y rodear al mundo con oración. Aquellos que oran mantienen ardiendo las llamas de la fe. En la mayor parte de los casos ni siquiera sabemos sus nombres. Ese es el caso de alguien que oró un día hace mucho tiempo.

Su nombre no es importante. Su apariencia es inmaterial. Su sexo no es para preocuparse. Su título es irrelevante. No es importante por quién es, sino por lo que hizo.

Fue donde estaba Jesús por causa de un amigo. Su amigo estaba enfermo. Jesús podía ayudar, y alguien tenía que ir donde estaba Jesús, así que alguien fue. Otros se preocuparon por el enfermo en otras formas. Algunos trajeron comida; otros proveyeron tratamiento; y aun otros consolaron a la familia. Cada papel era crucial. Cada persona ayudaba, pero nadie era más vital que el que fue donde estaba Jesús.

Juan escribe: «Enviaron [*a alguien*], pues, las hermanas para decir a Jesús: Señor, he aquí el que amas está enfermo» (Juan 11:3, el énfasis es mío).

Alguien llevó la petición. Alguien caminó por el sendero. Alguien fue donde estaba Jesús por causa de Lázaro. Y porque alguien fue, Jesús respondió.

En la economía del cielo, las oraciones de los santos son una posesión valiosa. El apóstol Juan está de acuerdo. Él escribió la historia de Lázaro y fue muy cuidadoso al mostrar la secuencia. La sanidad comenzó cuando se hizo la petición.

Vale la pena notar la frase que usó el amigo de Lázaro. Cuando informó a Jesús de la enfermedad le dijo: «Señor, he aquí el que amas está enfermo». No hizo su apelación sobre la base del amor imperfecto del necesitado, sino en el amor perfecto del Salvador. Él no dijo: «*el que te ama* está enfermo». Dijo: «*el que amas* está enfermo». En otras palabras, el poder de la oración no depende del que hace la oración, sino del que oye la oración.

Debemos y podemos repetir la frase en muchas maneras. «El que amas está cansado, hambriento, solitario, temeroso, deprimido». Las palabras de la oración varían, pero la respuesta nunca cambia. El Salvador oye la oración. Él manda a callar al cielo para no perder una sola palabra. Él escucha la oración. ¿Recuerdas la frase del Evangelio de Juan? «*Oyéndolo* Jesús, dijo: Esta enfermedad no es para muerte» (Juan 11:4. el énfasis es mío).

El Maestro oyó la petición. Jesús detuvo lo que estaba haciendo y tomó nota de las palabras del hombre. Este mensajero anónimo fue escuchado por Dios.

Tú y yo vivimos en un mundo ruidoso. Obtener la atención de alguien no es tarea fácil. Tendría que estar dispuesto a echar todo a un lado para escuchar: bajar el volumen del radio, despegar la mirada del monitor, marcar la página y dejar el libro. Cuando alguien está dispuesto a silenciarlo todo para escucharnos es un privilegio. Un privilegio especial, ciertamente.

El mensaje de Juan es crucial. Tú puedes hablar con Dios porque Dios escucha. Tu voz importa en el cielo. Él te toma en serio. Cuando entras a su presencia, sus ayudantes se vuelven para escuchar tu voz. No tienes que temer que serás ignorado. Aunque vaciles y titubees, aunque lo que digas no conmueva a nadie, sí conmueve a Dios, y él escucha. Él escucha la dolorosa súplica del anciano en la casa de descanso. Él escucha la ruda confesión del preso condenado a muerte. Cuando el alcohólico suplica misericordia, cuando el cónyuge busca dirección, cuando el hombre de negocios sale de la calle y entra a la capilla, Dios escucha.

Intensamente. Cuidadosamente. Las oraciones son apreciadas como joyas preciosas. Purificadas y fortalecidas, las palabras se elevan como una deliciosa fragancia al Señor. «Y de la mano del ángel subió a la presencia de Dios el humo del incienso con las oraciones de los santos» (Apocalipsis 8:4). Increíble. Tus palabras no se detienen hasta que han alcanzado el trono mismo de Dios.

Una llamada y aparece la flota del cielo. Tu oración en la tierra activa el poder de Dios en el cielo.

Tú eres alguien del reino de Dios. Tus oraciones mueven a Dios para cambiar el mundo. Quizás no entiendas el misterio de la oración. No es necesario. Pero esto es claro: las acciones en el cielo comienzan cuando alguien ora en la tierra. ¡Qué pensamiento asombroso!

Cuando hablas, Jesús escucha.

Y cuando Jesús escucha, el mundo es transformado.

Todo porque alguien oró.

8

DESDE LA PERSPECTIVA DE DIOS

No nos gusta despedirnos de los que amamos. Pero tenemos que hacerlo. No importa cuánto tratemos de evitarlo, cuán renuentes seamos a discutirlo, la muerte es una parte muy real de la vida. Eventualmente, cada uno de nosotros tendrá que entregar la mano del que amamos en las manos de Aquel a quien no ha visto.

¿Recuerdas la primera vez que la muerte te forzó a decir adiós? La mayoría de nosotros puede hacerlo. Yo puedo. Cuando estaba en tercer grado, llegué de la escuela y me sorprendí al ver la camioneta de mi padre en la entrada. Lo encontré en el baño rasurándose. «Tu tío Jack murió hoy», me dijo. La noticia me entristeció. Yo quería a mi tío. No lo conocía muy bien, pero lo quería. La noticia también me dio curiosidad.

Durante el funeral escuché palabras como *partió, pasó, se nos adelantó*. No estaba familiarizado con esos términos. Me pregunté: *¿Partió para dónde? ¿Pasó a qué? ¿Se nos adelantó por cuánto tiempo?*

Por supuesto, desde entonces aprendí que yo no era el único con preguntas acerca de la muerte. Escucha las discusiones acerca del regreso de Cristo y alguien preguntará: «¿Pero qué pasa con los que ya murieron? ¿Qué pasa con los cristianos entre la muerte y el regreso de Cristo?».

Aparentemente, la iglesia de Tesalónica se hacía esas preguntas. Escucha las palabras del apóstol Pablo en 1 Tesalonicenses: «Tampoco queremos, hermanos, que ignoréis acerca de los que duermen, para que no os entristezcáis como los otros que no tienen esperanza» (4:13).

La iglesia de Tesalónica había enterrado su parte de seres queridos. Y el apóstol quería que sus miembros estuvieran en paz respecto a los que habían partido. Muchos de ustedes también han enterrado a sus seres queridos. Y como Dios les habló a ellos, también te habla a ti.

Si este año vas a celebrar un aniversario solitario, Dios te habla.

Si tu niño llegó al cielo antes que al jardín de infantes, Dios te habla.

Si perdiste a un amado de forma violenta, si has aprendido más de lo que hubieras deseado sobre las enfermedades, si tus sueños fueron enterrados cuando bajaron el ataúd, Dios te habla.

Dios habla a todos los que hemos estado o estaremos en la tierra suelta al lado de una tumba abierta. Y es a nosotros que nos da esta palabra de consuelo: «Tampoco queremos, hermanos, que ignoréis acerca de los que duermen, para que no os entristezcáis como los otros que no tienen esperanza. Porque si creemos que Jesús murió y resucitó, así también traerá Dios con Jesús a los que durmieron en él».

Dios transforma nuestra tristeza sin esperanza en tristeza llena de esperanza. ¿Cómo? Diciéndonos que veremos a nuestros seres queridos otra vez.

¿No es eso lo que queremos creer? Deseamos saber que nuestros amados están seguros en la muerte. Deseamos tener la seguridad que el alma va inmediatamente para estar con Dios. ¿Pero nos atrevemos a creerlo? ¿Podemos creerlo? De acuerdo a la Biblia sí podemos.

La Escritura es sorprendentemente silenciosa acerca de esta fase de nuestras vidas. Cuando habla de este período entre la muerte del cuerpo y la resurrección del cuerpo, la Biblia no grita, solo susurra. Pero en la confluencia de esos susurros, se escucha una voz firme. Esta voz autoritativa nos asegura que en la muerte el cristiano entra inmediatamente a la presencia del Señor y disfruta de un compañerismo consciente con el Padre y con aquellos que lo han precedido.

¿De dónde saco estas ideas? Escucha algunos de estos susurros:

> Porque para mí el vivir es Cristo, y el morir es ganancia. Mas si el vivir en la carne resulta para mí en beneficio de la obra, no sé entonces qué escoger. Porque de ambas cosas estoy puesto en estrecho, teniendo deseo de partir y estar con Cristo, lo cual es muchísimo mejor.
>
> —FILIPENSES 1:21-23

Aquí el lenguaje sugiere una partida inmediata del alma después de la muerte. Los detalles de la gramática son un poco tediosos, pero llevaron a un erudito a sugerir: «Lo que Pablo está sugiriendo es que, en el momento en que parte o muere, en ese mismo momento está con Cristo».[1]

Otra clave viene de la carta que Pablo escribió a los corintios. Quizás has escuchado la frase «estar ausentes del cuerpo es estar en casa con el Señor». Pablo la usó por primera vez en 2 Corintios 5:8: «Y más quisiéramos estar ausentes del cuerpo, y presentes al Señor».

No nos gusta decirles adiós a los que amamos. Pero si lo que la Biblia dice acerca del cielo es cierto, y yo creo que lo es, entonces la oración máxima y la máxima contestación es el cielo.

Está bien que lloremos, pero no hay necesidad de que nos desesperemos. Ellos sufren dolor aquí. Ellos no tendrán dolor allá. Ellos luchan aquí. Ellos no tendrán luchas allá. Tú y yo nos preguntamos por qué Dios se los llevó al hogar. Pero ellos no lo preguntan. Ellos entienden. Ellos están, en este mismo momento, en paz en la presencia de Dios.

Señor, hazlo otra vez:

Una oración para tiempos de pruebas

AMADO SEÑOR:

Todavía estamos esperando despertar. Todavía estamos esperando abrir un ojo somnoliento y pensar: *Qué sueño horrible. ¿Cómo pudo suceder esto?*

Señor, estamos tristes.

Así que venimos ante ti. No te pedimos ayuda; te la suplicamos. No es una petición; imploramos. Sabemos lo que puedes hacer. Hemos leído las narraciones. Hemos considerado las historias, y ahora te suplicamos: «Hazlo otra vez, Señor. Hazlo otra vez».

¿Recuerdas a José? Lo rescataste del foso. Puedes hacer lo mismo por nosotros. Señor, hazlo otra vez.

¿Recuerdas a los hebreos en Egipto? Tú protegiste a sus hijos del ángel de la muerte. Nosotros también tenemos hijos, Señor. Hazlo otra vez.

¿Y Sara? ¿Recuerdas sus oraciones? Tú las escuchaste. ¿Josué? ¿Recuerdas sus temores? Tú lo inspiraste. ¿Las mujeres en la tumba? Tú resucitaste sus esperanzas. ¿Las dudas de Tomás? Tú las desvaneciste. Hazlo otra vez, Señor. Hazlo otra vez.

Tú cambiaste a Daniel de cautivo a consejero del rey. Tú tomaste a Pedro el pescador y lo hiciste Pedro el apóstol. Por tu causa, David pasó de dirigir ovejas a dirigir ejércitos. Señor, hazlo otra vez, porque hoy necesitamos consejeros. Necesitamos apóstoles. Necesitamos líderes. Amado Señor, hazlo otra vez.

Más que nada, haz otra vez lo que hiciste en el Calvario. Lo que nosotros hemos visto en esta tragedia, tú lo viste aquel viernes. La matanza de la inocencia. El asesinato de la bondad. Madres llorando. La maldad danzando. De la misma forma en que la sombra cayó sobre nuestros hijos, la oscuridad cayó sobre tu Hijo. De la misma forma en que nuestro mundo ha sido destrozado, el mismo Hijo de la Eternidad fue traspasado.

Y al oscurecer, la canción más dulce del cielo estaba silente, enterrada detrás de una roca.

Pero tú no flaqueaste. Oh, Señor. Tú no flaqueaste. Después que tu Hijo permaneció en un hoyo oscuro durante tres días, removiste la piedra e hiciste temblar la tierra y cambiaste el viernes más oscuro en el domingo más brillante. Señor, hazlo otra vez. Convierte este Calvario en Resurrección.

Amado Padre, te damos gracias, por estas horas de oración.

Que tu misericordia sea sobre todos los que sufren.

Concédele sabiduría a quienes nos dirigen más allá de sus años y experiencia. Ten misericordia de las almas que han partido y de los heridos que quedaron. Danos gracia para que podamos perdonar y fe para que podamos creer.

Y cuida a tu iglesia con amor. Durante dos mil años la has usado para sanar al mundo adolorido. Hazlo otra vez, Señor. Hazlo otra vez. En el nombre de Cristo, amén.[1]

Notas

Capítulo cuatro: *El triunfo de lo bueno*
1. Erwin Lutzer, *La serpiente del paraíso* (Chicago: Moody Press, 1996), p. 102.
2. *Ibíd.*, p. 111.

Capítulo cinco: *El sabor amargo de la venganza*
1. John MacArthur, cinta de audio «*El perdón de la oración*» (Panorama City, CA: Palabra de gracia, 1980).

Capítulo ocho: *Desde la perspectiva de Dios*
1. Anthony Hoekema, *La Biblia y el futuro* (Grand Rapids: Eerdmans, 1979), p. 104.

Señor, hazlo otra vez: *Una oración para tiempos de pruebas*
1. Adaptado de una oración escrita para América Ora, una vigilia nacional de oración el 15 de septiembre de 2001.

Acerca del Autor

MAX LUCADO ha tenido un llamado bendecido:
Denalyn lo llama Querido.
Jenna, Andrea y Sara lo llaman Papá.
Los hermanos en la Iglesia de Cristo Oak Hill
en San Antonio lo llaman su Pastor,
y Dios lo llama Suyo.
Nada mal, ¿no es cierto?

Para comunicarte con el autor, visita

www.maxlucado.com.

Lectura recomendada si estás buscando por más...

¡Los libros de Max Lucado son un gran regalo!

Lectura recomendada si tienes dificultades con...

MIEDO Y PREOCUPACIÓN

Ansiosos por nada
Antes del amén
Acércate sediento
Sin temor
Para estos tiempos difíciles
Mi Salvador y vecino
Aligere su equipaje

DESALIENTO

Todavía remueve piedras
Mi Salvador y vecino

DOLOR/MUERTE DE UN SER QUERIDO

Mi Salvador y vecino
Aligere su equipaje
Cuando Cristo venga
Cuando Dios susurra tu nombre
Saldrás de esta

CULPA

En manos de la gracia
Como Jesús

SOLEDAD
Dios se acercó

PECADO

Antes del amén
Enfrente a sus gigantes
Él escogió los clavos
Seis horas de un viernes

AGOTAMIENTO

Antes del amén
Cuando Dios susurra tu nombre
Saldrás de esta

Lectura recomendada si quieres saber más sobre...

LA CRUZ

Y los ángeles guardaron silencio
Él escogió los clavos
Con razón lo llaman el Salvador
Seis horas de un viernes

GRACIA
Antes del amén
Gracia
Él escogió los clavos
En manos de la gracia

CIELO
Aplauso del cielo
Cuando Cristo venga

COMPARTIENDO EL EVANGELIO

Dios se acercó
Gracia
Con razón lo llaman el Salvador